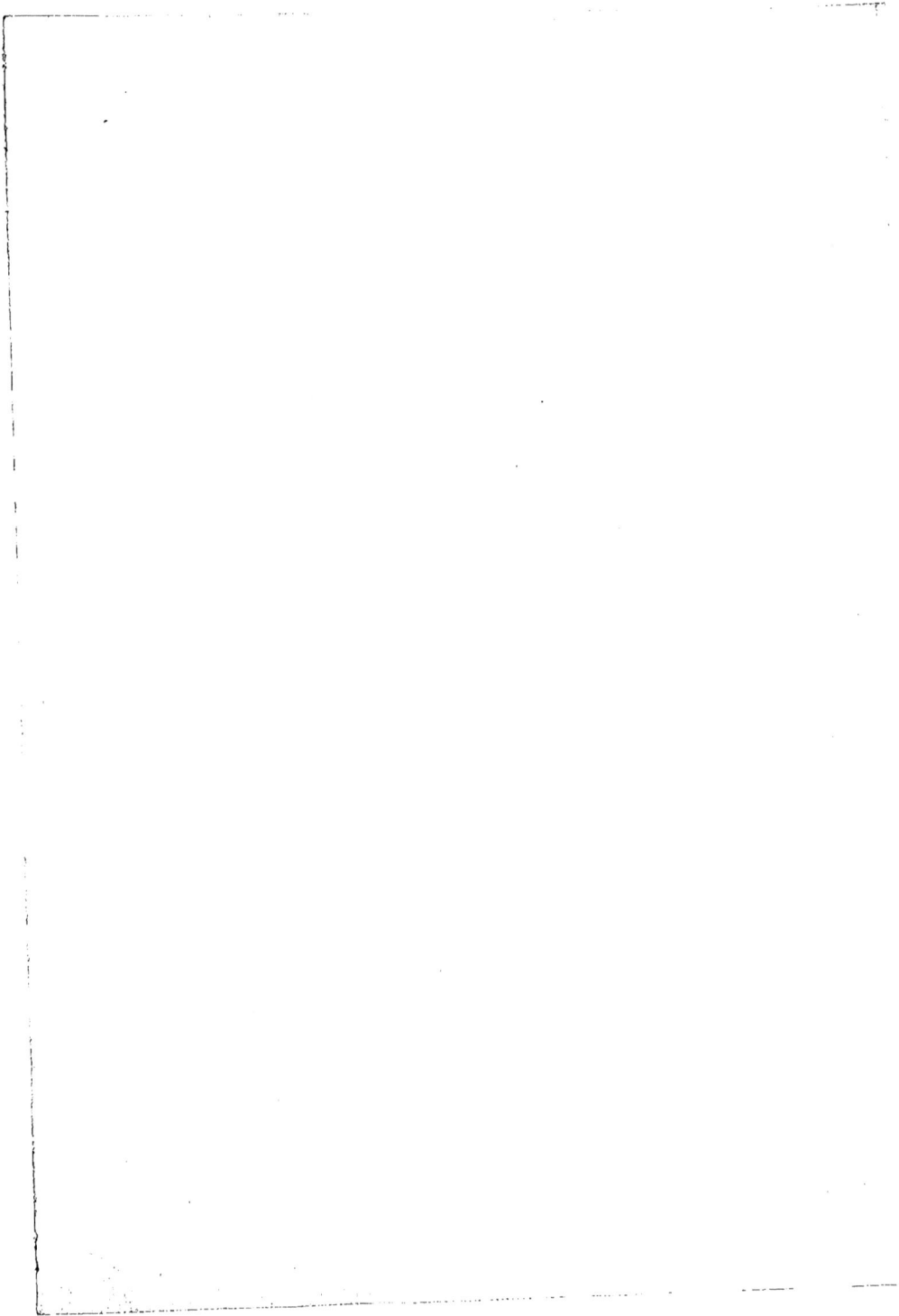

TABLES PERPÉTUELLES

ET INDICATIVES

De l'échéance de toutes traites ou billets à jour fixe, calculées depuis 30 jusqu'à 120 jours, suivant le Calendrier Grégorien.

V

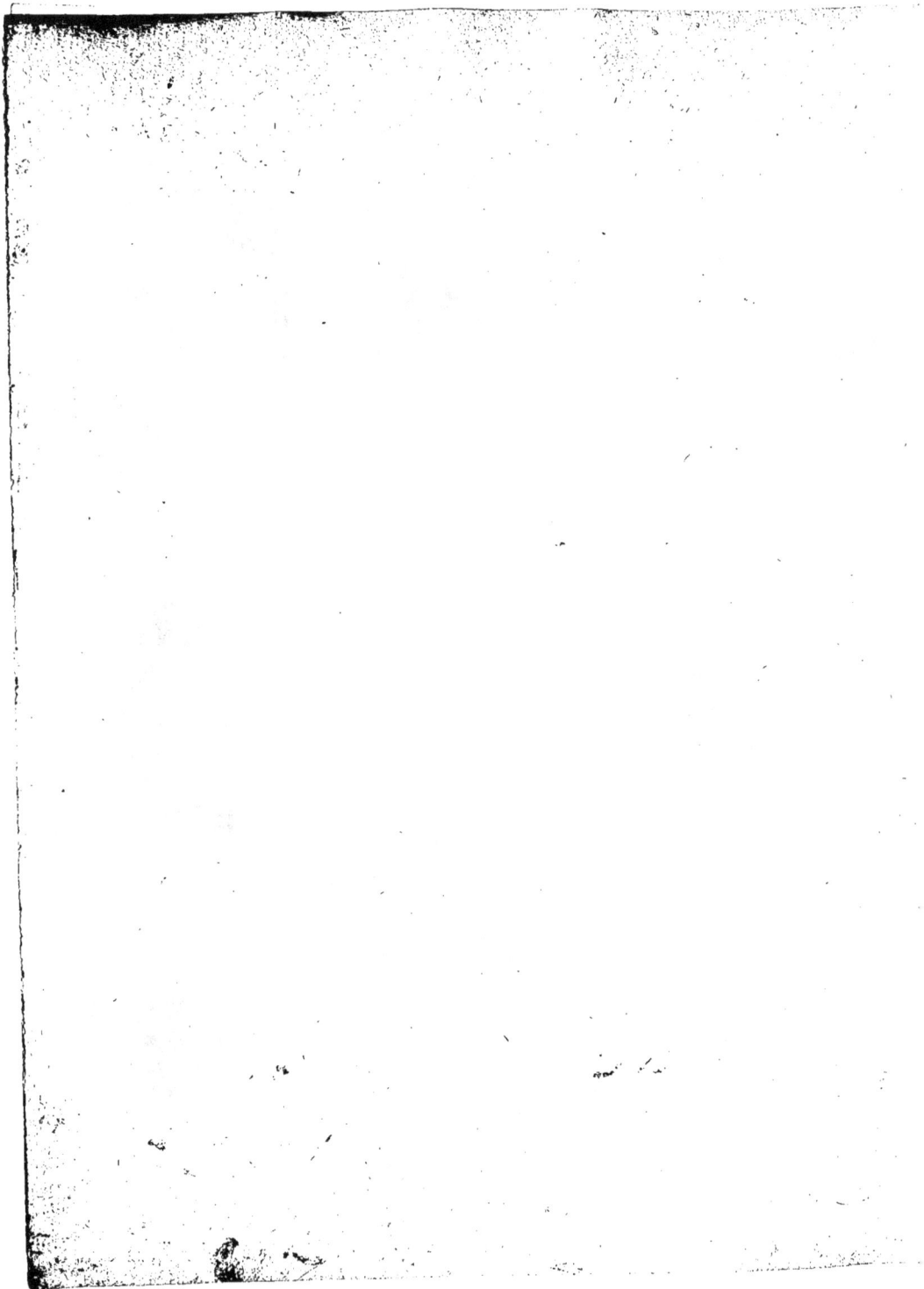

TABLES PERPÉTUELLES

INDICATIVES

DES JOURS D'ÉCHÉANCE FIXES DES TRAITES OU BILLETS

PAYABLES DEPUIS 3o JOURS JUSQU'A 120 JOURS,

A COMPTER DES DIFFÉRENTES DATES DE CHACUN DES MOIS DU CALENDRIER GRÉGORIEN;

AVEC DES TABLES PARTICULIÈRES POUR LES MOIS QUI DIFFÈRENT LORSQUE L'ANNÉE EST BISSEXTILE:

Travail augmenté d'une TABLE utile au calcul d'un compte d'intérêt exercé jour par jour.

Publiées par ÉTIENNE MICHEL.

DÉDIÉES A MM. LES BANQUIERS ET NÉGOCIANS DE TOUTES LES VILLES D'EUROPE.

PRIX, 2 francs.

SE TROUVENT,

A PARIS, . . . chez l'AUTEUR, rue des Francs-Bourgeois, au Marais, n.° 6.

LEVRAULT, SCHOELL et C.°, Libraires, rue de Seine, hôtel de la Rochefoucault.

TREUTTELL et WURTZ, Libraires, rue de Lille.

LALOI, Libraire, rue de la Loi, vis-à-vis celle Feydeau.

LILLE, ... WANAKERE, Libraire.

BRUXELLES, . . . DEMAT, Libraire.

Madame veuve LEMAIRE, Libraire.

MARSEILLE, . . . SUBE et LAPORTE, Libraires à la Carrebière.

LYON, ... JOSEPH RIVAUD, Commissionnaire, rue Buisson.

GENÈVE, ... PASCHOUD, Libraire.

AMSTERDAM, . . . Les héritiers GUERIN, Libraires.

CHANGUION, Libraire.

MANHEIM, ... FONTAINE, Libraire.

1806.

AVANT-PROPOS.

Prévenir des erreurs dont les conséquences préjudicient grièvement aux intérêts de ceux qui les commettent, tel a été le but que s'est proposé le compositeur de ces Tables ; il espère que les négocians, banquiers et commerçans en général accueilleront favorablement un ouvrage qui étant pour eux un indicateur certain, les garantit des dangereux effets d'une méprise de date, et a le double avantage de l'économie du tems qu'exige une opération qui ne se fait ordinairement que de mémoire ou avec le secours des calendriers.

EXEMPLE POUR L'INTELLIGENCE DES DIFFÉRENS TABLEAUX.

On veut connoître le jour fixe de l'échéance d'un billet payable à 65 jours de date fixe du 7 janvier.

TABLE DU MOIS DE JANVIER.

Suivez la ligne à partir du 7 jusqu'à la date qui se trouve sous la colonne 65 des échéances; vous aurez pour réponse, 13 mars.

Si le billet n'est pas payable à 65 jours fixe, vous suivez la ligne jusqu'à la colonne 75, et vous avez pour réponse, 23 mars.

TABLE UTILE AU CALCUL D'UN COMPTE D'INTÉRÊT EXERCÉ JOUR PAR JOUR.

Cette Table vous indique le nombre de jours qui se trouvent à partir de toutes les dates d'un mois jusqu'à la même date d'un autre mois.

EXEMPLE.

Du 1.er janvier au 1.er août... 212 | jours.

AUTRE EXEMPLE.

Du 7 janvier au 7 août... 212 | jours.

et ainsi de suite pour toutes les dates : mais lorsqu'il y a inégalité de date, par exemple, du 7 janvier au 13 août, ou bien du 13 janvier au 7 août, l'opération est fort simple; il ne faut qu'ajouter ou retrancher le nombre qui diffère entre les dates.

EXEMPLE : du 7 janvier au 13 août, la différence du 7 au 13 est de 6 jours.
Vous dites : Du 7 janvier au 7 août............................ 212
Ajoutez : La différence du 7 au 13............................ 6 ... 218 | jours.

AUTRE EXEMPLE : Du 13 janvier au 7 août, la différence du 13 au 7 est de 6 jours.
Vous dites : Du 13 janvier au 13 août............................ 212 | jours.
Retranchez la différence du 13 au 7............................ 6 ... 206 | jours.

	30	35	40	45	50	55	60	65	70	75	80	85	90	95	100	105	110	115	120
	JANV.	FÉV.	FÉV.	FÉV.	FÉV.	FÉV.	MARS.	MARS.	MARS.	MARS.	MARS.	MARS.	AVR.	AVR.	AVR.	AVR.	AVR.	AVR.	MAI.
1	31	5	10	15	20	25	2	7	12	17	22	27	1	6	11	16	21	26	1
2	1	6	11	16	21	26	3	8	13	18	23	28	2	7	12	17	22	27	2
3	2	7	12	17	22	27	4	9	14	19	24	29	5	8	13	18	23	28	3
4	3	8	13	18	23	28	5	10	15	20	25	30	4	9	14	19	24	29	4
5	4	9	14	19	24	1	6	11	16	21	26	31	5	10	15	20	25	30	5
6	5	10	15	20	25	2	7	12	17	22	27	1	6	11	16	21	26	1	6
7	6	11	16	21	26	3	8	13	18	23	28	2	7	12	17	22	27	2	7
8	7	12	17	22	27	4	9	14	19	24	29	3	8	13	18	25	28	5	8
9	8	13	18	23	28	5	10	15	20	25	30	4	9	14	19	24	29	4	9
10	9	14	19	24	1	6	11	16	21	26	31	5	10	15	20	25	30	5	10
11	10	15	20	25	2	7	12	17	22	27	1	6	11	16	21	26	1	6	11
12	11	16	21	26	3	8	13	18	23	28	2	7	12	17	22	27	2	7	12
13	12	17	22	27	4	9	14	19	24	29	3	8	15	18	25	28	3	8	13
14	13	18	23	28	5	10	15	20	25	30	4	9	14	19	24	29	4	9	14
15	14	19	24	1	6	11	16	21	26	31	5	10	15	20	25	30	5	10	15
16	15	20	25	2	7	12	17	22	27	1	6	11	16	21	26	1	6	11	16
17	16	21	26	3	8	13	18	25	28	2	7	12	17	22	27	2	7	12	17
18	17	22	27	4	9	14	19	24	29	5	8	13	18	23	28	3	8	13	18
19	18	23	28	5	10	15	20	25	30	4	9	14	19	24	29	4	9	14	19
20	19	24	1	6	11	16	21	26	31	5	10	15	20	25	30	5	10	15	20
21	20	25	2	7	12	17	22	27	1	6	11	16	21	26	1	6	11	16	21
22	21	26	3	8	13	18	23	28	2	7	12	17	22	27	2	7	12	17	22
23	22	27	4	9	14	19	24	29	3	8	13	18	23	28	3	8	15	18	23
24	23	28	5	10	15	20	25	30	4	9	14	19	24	29	4	9	14	19	24
25	24	1	6	11	16	21	26	31	5	10	15	20	25	30	5	10	15	20	25
26	25	2	7	12	17	22	27	1	6	11	16	21	26	1	6	11	16	21	26
27	26	3	8	13	18	23	28	2	7	12	17	22	27	2	7	12	17	22	27
28	27	4	9	14	19	24	29	5	8	13	18	23	28	3	8	13	18	23	28
29	28	5	10	15	20	25	30	4	9	14	19	24	29	4	9	14	19	24	29
30	1	6	11	16	21	26	31	5	10	15	20	25	30	5	10	15	20	25	30
31	2	7	12	17	22	27	1	6	11	16	21	26	1	6	11	16	21	26	31

JANVIER (ANNÉE BISSEXTILE).

	30	35	40	45	50	55	60	65	70	75	80	85	90	95	100	105	110	115	120
	JANV.	FÉVR.	FÉVR.	FÉVR.	FÉVR.	FÉVR.	MARS.	MARS.	MARS.	MARS.	MARS.	MARS.	MARS.	AVR.	AVR.	AVR.	AVR.	AVR.	AVR.
1	31	5	10	15	20	25	1	6	11	16	21	26	31	5	10	15	20	25	30
2	FÉVRIER 1	6	11	16	21	26	2	7	12	17	22	27	AVRIL 1	6	11	16	21	26	MAI 1
3	FÉVRIER 2	7	12	17	22	27	3	8	13	18	23	28	2	7	12	17	22	27	2
4	3	8	13	18	23	28	4	9	14	19	24	29	3	8	13	18	23	28	3
5	4	9	14	19	24	29	5	10	15	20	25	30	4	9	14	19	24	29	4
6	5	10	15	20	25	MARS 1	6	11	16	21	26	31	5	10	15	20	25	30	5
7	6	11	16	21	26	2	7	12	17	22	27	AVRIL 1	6	11	16	21	26	MAI 1	6
8	7	12	17	22	27	3	8	13	18	23	28	2	7	12	17	22	27	2	7
9	8	13	18	23	28	4	9	14	19	24	29	3	8	13	18	23	28	3	8
10	9	14	19	24	29	5	10	15	20	25	30	4	9	14	19	24	29	4	9
11	10	15	20	25	MARS 1	6	11	16	21	26	31	5	10	15	20	25	30	5	10
12	11	16	21	26	2	7	12	17	22	27	AVRIL 1	6	11	16	21	26	MAI 1	6	11
13	12	17	22	27	3	8	13	18	23	28	2	7	12	17	22	27	2	7	12
14	13	18	23	28	4	9	14	19	24	29	3	8	13	18	23	28	3	8	13
15	14	19	24	29	5	10	15	20	25	30	4	9	14	19	24	29	4	9	14
16	15	20	25	MARS 1	6	11	16	21	26	31	5	10	15	20	25	30	5	10	15
17	16	21	26	2	7	12	17	22	27	AVRIL 1	6	11	16	21	26	MAI 1	6	11	16
18	17	22	27	3	8	13	18	23	28	2	7	12	17	22	27	2	7	12	17
19	18	23	28	4	9	14	19	24	29	3	8	13	18	23	28	3	8	13	18
20	19	24	29	5	10	15	20	25	30	4	9	14	19	24	29	4	9	14	19
21	20	25	MARS 1	6	11	16	21	26	31	5	10	15	20	25	30	5	10	15	20
22	21	26	2	7	12	17	22	27	AVRIL 1	6	11	16	21	26	MAI 1	6	11	16	21
23	22	27	3	8	13	18	23	28	2	7	12	17	22	27	2	7	12	17	22
24	23	28	4	9	14	19	24	29	3	8	13	18	23	28	3	8	13	18	23
25	24	29	5	10	15	20	25	30	4	9	14	19	24	29	4	9	14	19	24
26	25	MARS 1	6	11	16	21	26	31	5	10	15	20	25	30	5	10	15	20	25
27	26	2	7	12	17	22	27	AVRIL 1	6	11	16	21	26	MAI 1	6	11	16	21	26
28	27	3	8	13	18	23	28	2	7	12	17	22	27	2	7	12	17	22	27
29	28	4	9	14	19	24	29	3	8	13	18	23	28	3	8	13	18	23	28
30	29	5	10	15	20	25	30	4	9	14	19	24	29	4	9	14	19	24	29
31	MARS 1	6	11	16	21	26	31	5	10	15	20	25	30	5	10	15	20	25	30

	30	35	40	45	50	55	60	65	70	75	80	85	90	95	100	105	110	115	120
	MARS.	MARS.	MARS.	MARS.	MARS.	MARS.	AVR.	AVR.	AVR.	AVR.	AVR.	AVR.	MAI.	MAI.	MAI.	MAI.	MAI.	MAI.	MAI.
1	3	8	13	18	23	28	2	7	12	17	22	27	2	7	12	17	22	27	1
2	4	9	14	19	24	29	3	8	13	18	23	28	3	8	13	18	23	28	2
3	5	10	15	20	25	30	4	9	14	19	24	29	4	9	14	19	24	29	3
4	6	11	16	21	26	31	5	10	15	20	25	30	5	10	15	20	25	30	4
5	7	12	17	22	27	AVRIL 1	6	11	16	21	26	MAI 1	6	11	16	21	26	31	5
6	8	13	18	23	28	2	7	12	17	22	27	2	7	12	17	22	27	JUIN 1	6
7	9	14	19	24	29	3	8	13	18	23	28	3	8	13	18	23	28	2	7
8	10	15	20	25	30	4	9	14	19	24	29	4	9	14	19	24	29	3	8
9	11	16	21	26	31	5	10	15	20	25	30	5	10	15	20	25	30	4	9
10	12	17	22	27	AVRIL 1	6	11	16	21	26	MAI 1	6	11	16	21	26	31	5	10
11	13	18	23	28	2	7	12	17	22	27	2	7	12	17	22	27	JUIN 1	6	11
12	14	19	24	29	3	8	13	18	23	28	3	8	13	18	23	28	2	7	12
13	15	20	25	30	4	9	14	19	24	29	4	9	14	19	24	29	3	8	13
14	16	21	26	31	5	10	15	20	25	30	5	10	15	20	25	30	4	9	14
15	17	22	27	AVRIL 1	6	11	16	21	26	MAI 1	6	11	16	21	26	31	5	10	15
16	18	23	28	2	7	12	17	22	27	2	7	12	17	22	27	JUIN 1	6	11	16
17	19	24	29	3	8	13	18	23	28	3	8	13	18	23	28	2	7	12	17
18	20	25	30	4	9	14	19	24	29	4	9	14	19	24	29	3	8	13	18
19	21	26	31	5	10	15	20	25	30	5	10	15	20	25	30	4	9	14	19
20	22	27	AVRIL 1	6	11	16	21	26	MAI 1	6	11	16	21	26	31	5	10	15	20
21	23	28	2	7	12	17	22	27	2	7	12	17	22	27	JUIN 1	6	11	16	21
22	24	29	3	8	13	18	23	28	3	8	13	18	23	28	2	7	12	17	22
23	25	30	4	9	14	19	24	29	4	9	14	19	24	29	3	8	13	18	23
24	26	31	5	10	15	20	25	30	5	10	15	20	25	30	4	9	14	19	24
25	27	AVRIL 1	6	11	16	21	26	MAI 1	6	11	16	21	26	31	5	10	15	20	25
26	28	2	7	12	17	22	27	2	7	12	17	22	27	JUIN 1	6	11	16	21	26
27	29	3	8	13	18	23	28	3	8	13	18	23	28	2	7	12	17	22	27
28	30	4	9	14	19	24	29	4	9	14	19	24	29	3	8	13	18	23	28
	ANNÉE BISSEXTILE.							FÉVRIER.									ANNÉE BISSEXTILE.		
29	31	5	10	15	20	25	30	5	10	15	20	25	30	4	9	14	19	24	29

	30	35	40	45	50	55	60	65	70	75	80	85	90	95	100	105	110	115	120
	MARS.	AVR.	AVR.	AVR.	AVR.	AVR.	AVR.	MAI.	MAI.	MAI.	MAI.	MAI.	MAI.	JUIN.	JUIN.	JUIN.	JUIN.	JUIN.	JUIN.
1	31	5	10	15	20	25	30	5	10	15	20	25	30	4	9	14	19	24	29
2	1 AVRIL	6	11	16	21	26	1 MAI	6	11	16	21	26	31	5	10	15	20	25	30
3	2	7	12	17	22	27	2	7	12	17	22	27	1 JUILLET	6	11	16	21	26	1 JUILLET
4	3	8	13	18	23	28	3	8	13	18	23	28	2	7	12	17	22	27	2
5	4	9	14	19	24	29	4	9	14	19	24	29	3	8	13	18	23	28	3
6	5	10	15	20	25	30	5	10	15	20	25	30	4	9	14	19	24	29	4
7	6	11	16	21	26	1 MAI	6	11	16	21	26	31	5	10	15	20	25	30	5
8	7	12	17	22	27	2	7	12	17	22	27	1 JUIN	6	11	16	21	26	1 JUILLET	6
9	8	13	18	23	28	3	8	13	18	23	28	2	7	12	17	22	27	2	7
10	9	14	19	24	29	4	9	14	19	24	29	3	8	13	18	23	28	3	8
11	10	15	20	25	30	5	10	15	20	25	30	4	9	14	19	24	29	4	9
12	11	16	21	26	1 MAI	6	11	16	21	26	31	5	10	15	20	25	30	5	10
13	12	17	22	27	2	7	12	17	22	27	1 JUIN	6	11	16	21	26	1 JUILLET	6	11
14	13	18	23	28	3	8	13	18	23	28	2	7	12	17	22	27	2	7	12
15	14	19	24	29	4	9	14	19	24	29	3	8	13	18	23	28	3	8	13
16	15	20	25	30	5	10	15	20	25	30	4	9	14	19	24	29	4	9	14
17	16	21	26	1 MAI	6	11	16	21	26	31	5	10	15	20	25	30	5	10	15
18	17	22	27	2	7	12	17	22	27	1 JUIN	6	11	16	21	26	1 JUILLET	6	11	16
19	18	23	28	3	8	13	18	23	28	2	7	12	17	22	27	2	7	12	17
20	19	24	29	4	9	14	19	24	29	3	8	13	18	23	28	3	8	13	18
21	20	25	30	5	10	15	20	25	30	4	9	14	19	24	29	4	9	14	19
22	21	26	1 MAI	6	11	16	21	26	31	5	10	15	20	25	30	5	10	15	20
23	22	27	2	7	12	17	22	27	1 JUIN	6	11	16	21	26	1 JUILLET	6	11	16	21
24	23	28	3	8	13	18	23	28	2	7	12	17	22	27	2	7	12	17	22
25	24	29	4	9	14	19	24	29	3	8	13	18	23	28	3	8	13	18	23
26	25	30	5	10	15	20	25	30	4	9	14	19	24	29	4	9	14	19	24
27	26	1 MAI	6	11	16	21	26	31	5	10	15	20	25	30	5	10	15	20	25
28	27	2	7	12	17	22	27	1 JUIN	6	11	16	21	26	1 JUILLET	6	11	16	21	26
29	28	3	8	13	18	23	28	2	7	12	17	22	27	2	7	12	17	22	27
30	29	4	9	14	19	24	29	3	8	13	18	23	28	3	8	13	18	23	28
31	30	5	10	15	20	25	30	4	9	14	19	24	29	4	9	14	19	24	29

	30	35	40	45	50	55	60	65	70	75	80	85	90	95	100	105	110	115	120
	MAI.	MAI.	MAI.	MAI.	MAI.	MAI.	MAI.	JUIN.	JUIN.	JUIN.	JUIN.	JUIN.	JUIN.	JUIL.	JUIL.	JUIL.	JUIL.	JUIL.	JUIL.
1	1	6	11	16	21	26	31	5	10	15	20	25	30	5	10	15	20	25	30
2	2	7	12	17	22	27	JUIN 1	6	11	16	21	26	JUILLET 1	6	11	16	21	26	31
3	3	8	13	18	23	28	2	7	12	17	22	27	2	7	12	17	22	27	AOUT 1
4	4	9	14	19	24	29	3	8	13	18	23	28	3	8	13	18	23	28	2
5	5	10	15	20	25	30	4	9	14	19	24	29	4	9	14	19	24	29	3
6	6	11	16	21	26	31	5	10	15	20	25	30	5	10	15	20	25	30	4
7	7	12	17	22	27	JUIN 1	6	11	16	21	26	JUILLET 1	6	11	16	21	26	31	5
8	8	13	18	23	28	2	7	12	17	22	27	2	7	12	17	22	27	AOUT 1	6
9	9	14	19	24	29	3	8	13	18	23	28	3	8	13	18	23	28	2	7
10	10	15	20	25	30	4	9	14	19	24	29	4	9	14	19	24	29	3	8
11	11	16	21	26	31	5	10	15	20	25	30	5	10	15	20	25	30	4	9
12	12	17	22	27	JUIN 1	6	11	16	21	26	JUILLET 1	6	11	16	21	26	31	5	10
13	13	18	23	28	2	7	12	17	22	27	2	7	12	17	22	27	AOUT 1	6	11
14	14	19	24	29	3	8	13	18	23	28	3	8	13	18	23	28	2	7	12
15	15	20	25	30	4	9	14	19	24	29	4	9	14	19	24	29	3	8	13
16	16	21	26	31	5	10	15	20	25	30	5	10	15	20	25	30	4	9	14
17	17	22	27	JUIN 1	6	11	16	21	26	JUILLET 1	6	11	16	21	26	31	5	10	15
18	18	23	28	2	7	12	17	22	27	2	7	12	17	22	27	AOUT 1	6	11	16
19	19	24	29	3	8	13	18	23	28	3	8	13	18	23	28	2	7	12	17
20	20	25	30	4	9	14	19	24	29	4	9	14	19	24	29	3	8	13	18
21	21	26	31	5	10	15	20	25	30	5	10	15	20	25	30	4	9	14	19
22	22	27	JUIN 1	6	11	16	21	26	JUILLET 1	6	11	16	21	26	31	5	10	15	20
23	23	28	2	7	12	17	22	27	2	7	12	17	22	27	AOUT 1	6	11	16	21
24	24	29	3	8	13	18	23	28	3	8	13	18	23	28	2	7	12	17	22
25	25	30	4	9	14	19	24	29	4	9	14	19	24	29	3	8	13	18	23
26	26	31	5	10	15	20	25	30	5	10	15	20	25	30	4	9	14	19	24
27	27	JUIN 1	6	11	16	21	26	JUILLET 1	6	11	16	21	26	31	5	10	15	20	25
28	28	2	7	12	17	22	27	2	7	12	17	22	27	AOUT 1	6	11	16	21	26
29	29	3	8	13	18	23	28	3	8	13	18	23	28	2	7	12	17	22	27
30	30	4	9	14	19	24	29	4	9	14	19	24	29	3	8	13	18	23	28

MAI.

	30	35	40	45	50	55	60	65	70	75	80	85	90	95	100	105	110	115	120
	MAI.	JUIN.	JUIN.	JUIN.	JUIN.	JUIN.	JUIN.	JUIL.	JUIL.	JUIL.	JUIL.	JUIL.	JUIL.	AOUT.	AOUT.	AOUT.	AOUT.	AOUT.	AOUT.
1	31	5	10	15	20	25	30	5	10	15	20	25	30	4	9	14	19	24	29
2	JUIN 1	6	11	16	21	26	JUILLET 1	6	11	16	21	26	31	5	10	15	20	25	30
3	2	7	12	17	22	27	2	7	12	17	22	27	AOUT 1	6	11	16	21	26	31
4	3	8	13	18	23	28	3	8	13	18	23	28	2	7	12	17	22	27	SEPTEMBRE 1
5	4	9	14	19	24	29	4	9	14	19	24	29	3	8	13	18	23	28	2
6	5	10	15	20	25	30	5	10	15	20	25	30	4	9	14	19	24	29	3
7	6	11	16	21	26	JUILLET 1	6	11	16	21	26	31	5	10	15	20	25	30	4
8	7	12	17	22	27	2	7	12	17	22	27	AOUT 1	6	11	16	21	26	31	5
9	8	13	18	23	28	3	8	13	18	23	28	2	7	12	17	22	27	SEPTEMBRE 1	6
10	9	14	19	24	29	4	9	14	19	24	29	3	8	13	18	23	28	2	7
11	10	15	20	25	30	5	10	15	20	25	30	4	9	14	19	24	29	3	8
12	11	16	21	26	JUILLET 1	6	11	16	21	26	31	5	10	15	20	25	30	4	9
13	12	17	22	27	2	7	12	17	22	27	AOUT 1	6	11	16	21	26	31	5	10
14	13	18	23	28	3	8	13	18	23	28	2	7	12	17	22	27	SEPTEMBRE 1	6	11
15	14	19	24	29	4	9	14	19	24	29	3	8	13	18	23	28	2	7	12
16	15	20	25	30	5	10	15	20	25	30	4	9	14	19	24	29	3	8	13
17	16	21	26	JUILLET 1	6	11	16	21	26	31	5	10	15	20	25	30	4	9	14
18	17	22	27	2	7	12	17	22	27	AOUT 1	6	11	16	21	26	31	5	10	15
19	18	23	28	3	8	13	18	23	28	2	7	12	17	22	27	SEPTEMBRE 1	6	11	16
20	19	24	29	4	9	14	19	24	29	3	8	13	18	23	28	2	7	12	17
21	20	25	30	5	10	15	20	25	30	4	9	14	19	24	29	3	8	13	18
22	21	26	JUILLET 1	6	11	16	21	26	31	5	10	15	20	25	30	4	9	14	19
23	22	27	2	7	12	17	22	27	AOUT 1	6	11	16	21	26	31	5	10	15	20
24	23	28	3	8	13	18	23	28	2	7	12	17	22	27	SEPTEMBRE 1	6	11	16	21
25	24	29	4	9	14	19	24	29	3	8	13	18	23	28	2	7	12	17	22
26	25	30	5	10	15	20	25	30	4	9	14	19	24	29	3	8	13	18	23
27	26	JUILLET 1	6	11	16	21	26	31	5	10	15	20	25	30	4	9	14	19	24
28	27	2	7	12	17	22	27	AOUT 1	6	11	16	21	26	31	5	10	15	20	25
29	28	3	8	13	18	23	28	2	7	12	17	22	27	SEPTEMBRE 1	6	11	16	21	26
30	29	4	9	14	19	24	29	3	8	13	18	23	28	2	7	12	17	22	27
31	30	5	10	15	20	25	30	4	9	14	19	24	29	3	8	13	18	23	28

	30	35	40	45	50	55	60	65	70	75	80	85	90	95	100	105	110	115	120
	JUIL.	JUIL.	JUIL.	JUIL.	JUIL.	JUIL.	JUIL.	AOUT.	AOUT.	AOUT.	AOUT.	AOUT.	AOUT.	SEPT.	SEPT.	SEPT.	SEPT.	SEPT.	SEPT.
1	1	6	11	16	21	26	31	5	10	15	20	25	30	4	9	14	19	24	29
2	2	7	12	17	22	27	AOUT 1	6	11	16	21	26	31	5	10	15	20	25	30
3	3	8	13	18	23	28	2	7	12	17	22	27	SEPTEMBRE 1	6	11	16	21	26	OCTOBRE 1
4	4	9	14	19	24	29	3	8	13	18	23	28	2	7	12	17	22	27	2
5	5	10	15	20	25	30	4	9	14	19	24	29	3	8	13	18	23	28	3
6	6	11	16	21	26	31	5	10	15	20	25	30	4	9	14	19	24	29	4
7	7	12	17	22	27	AOUT 1	6	11	16	21	26	31	5	10	15	20	25	30	5
8	8	13	18	23	28	2	7	12	17	22	27	SEPTEMBRE 1	6	11	16	21	26	OCTOBRE 1	6
9	9	14	19	24	29	3	8	13	18	23	28	2	7	12	17	22	27	2	7
10	10	15	20	25	30	4	9	14	19	24	29	3	8	13	18	23	28	3	8
11	11	16	21	26	31	5	10	15	20	25	30	4	9	14	19	24	29	4	9
12	12	17	22	27	AOUT 1	6	11	16	21	26	31	5	10	15	20	25	30	5	10
13	13	18	23	28	2	7	12	17	22	27	SEPTEMBRE 1	6	11	16	21	26	OCTOBRE 1	6	11
14	14	19	24	29	3	8	13	18	23	28	2	7	12	17	22	27	2	7	12
15	15	20	25	30	4	9	14	19	24	29	3	8	13	18	23	28	3	8	13
16	16	21	26	31	5	10	15	20	25	30	4	9	14	19	24	29	4	9	14
17	17	22	27	AOUT 1	6	11	16	21	26	31	5	10	15	20	25	30	5	10	15
18	18	23	28	2	7	12	17	22	27	SEPTEMBRE 1	6	11	16	21	26	OCTOBRE 1	6	11	16
19	19	24	29	3	8	13	18	23	28	2	7	12	17	22	27	2	7	12	17
20	20	25	30	4	9	14	19	24	29	3	8	13	18	23	28	3	8	13	18
21	21	26	31	5	10	15	20	25	30	4	9	14	19	24	29	4	9	14	19
22	22	27	AOUT 1	6	11	16	21	26	31	5	10	15	20	25	30	5	10	15	20
23	23	28	2	7	12	17	22	27	SEPTEMBRE 1	6	11	16	21	26	OCTOBRE 1	6	11	16	21
24	24	29	3	8	13	18	23	28	2	7	12	17	22	27	2	7	12	17	22
25	25	30	4	9	14	19	24	29	3	8	13	18	23	28	3	8	13	18	23
26	26	31	5	10	15	20	25	30	4	9	14	19	24	29	4	9	14	19	24
27	27	AOUT 1	6	11	16	21	26	31	5	10	15	20	25	30	5	10	15	20	25
28	28	2	7	12	17	22	27	SEPTEMBRE 1	6	11	16	21	26	OCTOBRE 1	6	11	16	21	26
29	29	3	8	13	18	23	28	2	7	12	17	22	27	2	7	12	17	22	27
30	30	4	9	14	19	24	29	3	8	13	18	23	28	3	8	13	18	23	28

	30	35	40	45	50	55	60	65	70	75	80	85	90	95	100	105	110	115	120
	JUIL.	AOUT.	AOUT.	AOUT.	AOUT.	AOUT.	AOUT.	SEPT.	SEPT.	SEPT.	SEPT.	SEPT.	SEPT.	OCT.	OCT.	OCT.	OCT.	OCT.	OCT.
1	31	5	10	15	20	25	30	4	9	14	19	24	29	4	9	14	19	24	29
2	1 (AOUT)	6	11	16	21	26	31	5	10	15	20	25	30	5	10	15	20	25	30
3	2	7	12	17	22	27	1 (SEPTEMBRE)	6	11	16	21	26	1 (OCTOBRE)	6	11	16	21	26	31
4	3	8	13	18	23	28	2	7	12	17	22	27	2	7	12	17	22	27	1 (NOVEMBRE)
5	4	9	14	19	24	29	3	8	13	18	23	28	3	8	13	18	25	28	2
6	5	10	15	20	25	30	4	9	14	19	24	29	4	9	14	19	24	29	3
7	6	11	16	21	26	31	5	10	15	20	25	30	5	10	15	20	25	30	4
8	7	12	17	22	27	1 (SEPTEMBRE)	6	11	16	21	26	1 (OCTOBRE)	6	11	16	21	26	31	5
9	8	13	18	23	28	2	7	12	17	22	27	2	7	12	17	22	27	1 (NOVEMBRE)	6
10	9	14	19	24	29	3	8	13	18	23	28	3	8	13	18	23	28	2	7
11	10	15	20	25	30	4	9	14	19	24	29	4	9	14	19	24	29	3	8
12	11	16	21	26	31	5	10	15	20	25	30	5	10	15	20	25	30	4	9
13	12	17	22	27	1 (SEPTEMBRE)	6	11	16	21	26	1 (OCTOBRE)	6	11	16	21	26	31	5	10
14	13	18	23	28	2	7	12	17	22	27	2	7	12	17	22	27	1 (NOVEMBRE)	6	11
15	14	19	24	29	3	8	13	18	23	28	3	8	13	18	23	28	2	7	12
16	15	20	25	30	4	9	14	19	24	29	4	9	14	19	24	29	3	8	13
17	16	21	26	31	5	10	15	20	25	30	5	10	15	20	25	30	4	9	14
18	17	22	27	1 (SEPTEMBRE)	6	11	16	21	26	1 (OCTOBRE)	6	11	16	21	26	31	5	10	15
19	18	23	28	2	7	12	17	22	27	2	7	12	17	22	27	1 (NOVEMBRE)	6	11	16
20	19	24	29	3	8	13	18	23	28	3	8	13	18	23	28	2	7	12	17
21	20	25	30	4	9	14	19	24	29	4	9	14	19	24	29	3	8	13	18
22	21	26	31	5	10	15	20	25	30	5	10	15	20	25	30	4	9	14	19
23	22	27	1 (SEPTEMBRE)	6	11	16	21	26	1 (OCTOBRE)	6	11	16	21	26	31	5	10	15	20
24	23	28	2	7	12	17	22	27	2	7	12	17	22	27	1 (NOVEMBRE)	6	11	16	21
25	24	29	3	8	13	18	23	28	3	8	13	18	23	28	2	7	12	17	22
26	25	30	4	9	14	19	24	29	4	9	14	19	24	29	3	8	13	18	23
27	26	31	5	10	15	20	25	30	5	10	15	20	25	30	4	9	14	19	24
28	27	1 (SEPTEMBRE)	6	11	16	21	26	1 (OCTOBRE)	6	11	16	21	26	31	5	10	15	20	25
29	28	2	7	12	17	22	27	2	7	12	17	22	27	1 (NOVEMBRE)	6	11	16	21	26
30	29	3	8	13	18	23	28	3	8	13	18	23	28	2	7	12	17	22	27
31	30	4	9	14	19	24	29	4	9	14	19	24	29	5	8	13	18	23	28

	30	35	40	45	50	55	60	65	70	75	80	85	90	95	100	105	110	115	120
	AOUT.	SEPT.	SEPT.	SEPT.	SEPT.	SEPT.	SEPT.	OCT.	OCT.	OCT.	OCT.	OCT.	OCT.	NOV.	NOV.	NOV.	NOV.	NOV.	NOV.
1	31	5	10	15	20	25	30	5	10	15	20	25	30	4	9	14	19	24	29
2	1 (SEPTEMBRE)	6	11	16	21	26	1 (OCTOBRE)	6	11	16	21	26	31	5	10	15	20	25	30
3	2	7	12	17	22	27	2	7	12	17	22	27	1 (NOVEMBRE)	6	11	16	21	26	1 (DÉCEMBRE)
4	3	8	13	18	23	28	3	8	13	18	23	28	2	7	12	17	22	27	2
5	4	9	14	19	24	29	4	9	14	19	24	29	3	8	13	18	23	28	3
6	5	10	15	20	25	30	5	10	15	20	25	30	4	9	14	19	24	29	4
7	6	11	16	21	26	1 (OCTOBRE)	6	11	16	21	26	31	5	10	15	20	25	30	5
8	7	12	17	22	27	2	7	12	17	22	27	1 (NOVEMBRE)	6	11	16	21	26	1 (DÉCEMBRE)	6
9	8	13	18	23	28	3	8	13	18	23	28	2	7	12	17	22	27	2	7
10	9	14	19	24	29	4	9	14	19	24	29	3	8	13	18	23	28	3	8
11	10	15	20	25	30	5	10	15	20	25	30	4	9	14	19	24	29	4	9
12	11	16	21	26	1 (OCTOBRE)	6	11	16	21	26	31	5	10	15	20	25	30	5	10
13	12	17	22	27	2	7	12	17	22	27	1 (NOVEMBRE)	6	11	16	21	26	1 (DÉCEMBRE)	6	11
14	13	18	23	28	3	8	13	18	23	28	2	7	12	17	22	27	2	7	12
15	14	19	24	29	4	9	14	19	24	29	3	8	13	18	25	28	3	8	13
16	15	20	25	30	5	10	15	20	25	30	4	9	14	19	24	29	4	9	14
17	16	21	26	1 (OCTOBRE)	6	11	16	21	26	31	5	10	15	20	25	30	5	10	15
18	17	22	27	2	7	12	17	22	27	1 (NOVEMBRE)	6	11	16	21	26	1 (DÉCEMBRE)	6	11	16
19	18	23	28	3	8	13	18	23	28	2	7	12	17	22	27	2	7	12	17
20	19	24	29	4	9	14	19	24	29	3	8	13	18	23	28	3	8	13	18
21	20	25	30	5	10	15	20	25	30	4	9	14	19	24	29	4	9	14	19
22	21	26	1 (OCTOBRE)	6	11	16	21	26	31	5	10	15	20	25	30	5	10	15	20
23	22	27	2	7	12	17	22	27	1 (NOVEMBRE)	6	11	16	21	26	1 (DÉCEMBRE)	6	11	16	21
24	23	28	3	8	13	18	23	28	2	7	12	17	22	27	2	7	12	17	22
25	24	29	4	9	14	19	24	29	3	8	13	18	23	28	3	8	13	18	23
26	25	30	5	10	15	20	25	30	4	9	14	19	24	29	4	9	14	19	24
27	26	1 (OCTOBRE)	6	11	16	21	26	31	5	10	15	20	25	30	5	10	15	20	25
28	27	2	7	12	17	22	27	1 (NOVEMBRE)	6	11	16	21	26	1 (DÉCEMBRE)	6	11	16	21	26
29	28	3	8	13	18	23	28	2	7	12	17	22	27	2	7	12	17	22	27
30	29	4	9	14	19	24	29	3	8	13	18	23	28	3	8	13	18	23	28
31	30	5	10	15	20	25	30	4	9	14	19	24	29	4	9	14	19	24	29

SEPTEMBRE.

	30	35	40	45	50	55	60	65	70	75	80	85	90	95	100	105	110	115	120
	OCT.	OCT.	OCT.	OCT.	OCT.	OCT.	OCT.	NOV.	NOV.	NOV.	NOV.	NOV.	NOV.	DÉC.	DÉC.	DÉC.	DÉC.	DÉC.	DÉC.
1	1	6	11	16	21	26	31	5	10	15	20	25	30	5	10	15	20	25	30
2	2	7	12	17	22	27	NOVEMBRE 1	6	11	16	21	26	DÉCEMBRE 1	6	11	16	21	26	31
3	3	8	13	18	23	28	2	7	12	17	22	27	2	7	12	17	22	27	JANVIER 1
4	4	9	14	19	24	29	3	8	13	18	23	28	3	8	13	18	23	28	2
5	5	10	15	20	25	30	4	9	14	19	24	29	4	9	14	19	24	29	3
6	6	11	16	21	26	31	5	10	15	20	25	30	5	10	15	20	25	30	4
7	7	12	17	22	27	NOVEMBRE 1	6	11	16	21	26	DÉCEMBRE 1	6	11	16	21	26	31	5
8	8	13	18	23	28	2	7	12	17	22	27	2	7	12	17	22	27	JANVIER 1	6
9	9	14	19	24	29	3	8	13	18	23	28	3	8	13	18	23	28	2	7
10	10	15	20	25	30	4	9	14	19	24	29	4	9	14	19	24	29	3	8
11	11	16	21	26	31	5	10	15	20	25	30	5	10	15	20	25	30	4	9
12	12	17	22	27	NOVEMBRE 1	6	11	16	21	26	DÉCEMBRE 1	6	11	16	21	26	31	5	10
13	13	18	23	28	2	7	12	17	22	27	2	7	12	17	22	27	JANVIER 1	6	11
14	14	19	24	29	3	8	13	18	23	28	3	8	13	18	23	28	2	7	12
15	15	20	25	30	4	9	14	19	24	29	4	9	14	19	24	29	3	8	13
16	16	21	26	31	5	10	15	20	25	30	5	10	15	20	25	30	4	9	14
17	17	22	27	NOVEMBRE 1	6	11	16	21	26	DÉCEMBRE 1	6	11	16	21	26	31	5	10	15
18	18	23	28	2	7	12	17	22	27	2	7	12	17	22	27	JANVIER 1	6	11	16
19	19	24	29	3	8	13	18	23	28	3	8	13	18	23	28	2	7	12	17
20	20	25	30	4	9	14	19	24	29	4	9	14	19	24	29	3	8	13	18
21	21	26	31	5	10	15	20	25	30	5	10	15	20	25	30	4	9	14	19
22	22	27	NOVEMBRE 1	6	11	16	21	26	DÉCEMBRE 1	6	11	16	21	26	31	5	10	15	20
23	23	28	2	7	12	17	22	27	2	7	12	17	22	27	JANVIER 1	6	11	16	21
24	24	29	3	8	13	18	23	28	3	8	13	18	23	28	2	7	12	17	22
25	25	30	4	9	14	19	24	29	4	9	14	19	24	29	3	8	13	18	23
26	26	31	5	10	15	20	25	30	5	10	15	20	25	30	4	9	14	19	24
27	27	NOVEMBRE 1	6	11	16	21	26	DÉCEMBRE 1	6	11	16	21	26	31	5	10	15	20	25
28	28	2	7	12	17	22	27	2	7	12	17	22	27	JANVIER 1	6	11	16	21	26
29	29	3	8	13	18	23	28	3	8	13	18	23	28	2	7	12	17	22	27
30	30	4	9	14	19	24	29	4	9	14	19	24	29	3	8	13	18	23	28

| | OCT. | OCT. | OCT. | OCT. | OCT. | OCT. | OCT. | NOV. | NOV. | NOV. | NOV. | NOV. | NOV. | DÉC. | DÉC. | DÉC. | DÉC. | DÉC. | DÉC. |

	30	35	40	45	50	55	60	65	70	75	80	85	90	95	100	105	110	115	120
	OCT.	NOV.	NOV.	NOV.	NOV.	NOV.	NOV.	DÉC.	DÉC.	DÉC.	DÉC.	DÉC.	DÉC.	JANV.	JANV.	JANV.	JANV.	JANV.	JANV.
1	31	5	10	15	20	25	30	5	10	15	20	25	30	4	9	14	19	24	29
2	1	6	11	16	21	26	1	6	11	16	21	26	31	5	10	15	20	25	30
3	2	7	12	17	22	27	2	7	12	17	22	27	1	6	11	16	21	26	31
4	3	8	13	18	23	28	3	8	13	18	23	28	2	7	12	17	22	27	1
5	4	9	14	19	24	29	4	9	14	19	24	29	3	8	13	18	23	28	2
6	5	10	15	20	25	30	5	10	15	20	25	30	4	9	14	19	24	29	3
7	6	11	16	21	26	1	6	11	16	21	26	31	5	10	15	20	25	30	4
8	7	12	17	22	27	2	7	12	17	22	27	1	6	11	16	21	26	31	5
9	8	13	18	23	28	3	8	13	18	23	28	2	7	12	17	22	27	1	6
10	9	14	19	24	29	4	9	14	19	24	29	3	8	13	18	23	28	2	7
11	10	15	20	25	30	5	10	15	20	25	30	4	9	14	19	24	29	3	8
12	11	16	21	26	1	6	11	16	21	26	31	5	10	15	20	25	30	4	9
13	12	17	22	27	2	7	12	17	22	27	1	6	11	16	21	26	31	5	10
14	13	18	23	28	3	8	13	18	23	28	2	7	12	17	22	27	1	6	11
15	14	19	24	29	4	9	14	19	24	29	3	8	13	18	23	28	2	7	12
16	15	20	25	30	5	10	15	20	25	30	4	9	14	19	24	29	3	8	13
17	16	21	26	1	6	11	16	21	26	31	5	10	15	20	25	30	4	9	14
18	17	22	27	2	7	12	17	22	27	1	6	11	16	21	26	31	5	10	15
19	18	23	28	3	8	13	18	23	28	2	7	12	17	22	27	1	6	11	16
20	19	24	29	4	9	14	19	24	29	3	8	13	18	23	28	2	7	12	17
21	20	25	30	5	10	15	20	25	30	4	9	14	19	24	29	3	8	13	18
22	21	26	1	6	11	16	21	26	31	5	10	15	20	25	30	4	9	14	19
23	22	27	2	7	12	17	22	27	1	6	11	16	21	26	31	5	10	15	20
24	23	28	3	8	13	18	23	28	2	7	12	17	22	27	1	6	11	16	21
25	24	29	4	9	14	19	24	29	3	8	13	18	23	28	2	7	12	17	22
26	25	30	5	10	15	20	25	30	4	9	14	19	24	29	3	8	13	18	23
27	26	1	6	11	16	21	26	31	5	10	15	20	25	30	4	9	14	19	24
28	27	2	7	12	17	22	27	1	6	11	16	21	26	31	5	10	15	20	25
29	28	3	8	13	18	23	28	2	7	12	17	22	27	1	6	11	16	21	26
30	29	4	9	14	19	24	29	3	8	13	18	23	28	2	7	12	17	22	27
31	30	5	10	15	20	25	30	4	9	14	19	24	29	3	8	13	18	23	28

	30	35	40	45	50	55	60	65	70	75	80	85	90	95	100	105	110	115	120
	DÉC.	DÉC.	DÉC.	DÉC.	DÉC.	DÉC.	DÉC.	JANV.	JANV.	JANV.	JANV.	JANV.	JANV.	FÉV.	FÉV.	FÉV.	FÉV.	FÉV.	MARS.
1	1	6	11	16	21	26	31	5	10	15	20	25	30	4	9	14		24	1
2	2	7	12	17	22	27	JANVIER 1	6	11	16	21	26	31	5	10	15		25	2
3	3	8	13	18	23	28	2	7	12	17	22	27	FÉVRIER 1	6	11	16	21	26	3
4	4	9	14	19	24	29	3	8	13	18	23	28	2	7	12	17	22	27	4
5	5	10	15	20	25	30	4	9	14	19	24	29	3	8	13	18	23	28	5
6	6	11	16	21	26	31	5	10	15	20	25	30	4	9	14	19	24	MARS 1	6
7	7	12	17	22	27	JANVIER 1	6	11	16	21	26	31	5	10	15	20	25	2	7
8	8	13	18	23	28	2	7	12	17	22	27	FÉVRIER 1	6	11	16	21	26	3	8
9	9	14	19	24	29	3	8	13	18	23	28	2	7	12	17	22	27	4	9
10	10	15	20	25	30	4	9	14	19	24	29	3	8	13	18	23	28	5	10
11	11	16	21	26	31	5	10	15	20	25	30	4	9	14	19	24	MARS 1	6	11
12	12	17	22	27	JANVIER 1	6	11	16	21	26	31	5	10	15	20	25	2	7	12
13	13	18	23	28	2	7	12	17	22	27	FÉVRIER 1	6	11	16	21	26	3	8	13
14	14	19	24	29	3	8	13	18	23	28	2	7	12	17	22	27	4	9	14
15	15	20	25	30	4	9	14	19	24	29	3	8	13	18	23	28	5	10	15
16	16	21	26	31	5	10	15	20	25	30	4	9	14	19	24	MARS 1	6	11	16
17	17	22	27	JANVIER 1	6	11	16	21	26	31	5	10	15	20	25	2	7	12	17
18	18	23	28	2	7	12	17	22	27	FÉVRIER 1	6	11	16	21	26	3	8	13	18
19	19	24	29	3	8	13	18	23	28	2	7	12	17	22	27	4	9	14	19
20	20	25	30	4	9	14	19	24	29	3	8	13	18	23	28	5	10	15	20
21	21	26	31	5	10	15	20	25	30	4	9	14	19	24	MARS 1	6	11	16	21
22	22	27	JANVIER 1	6	11	16	21	26	31	5	10	15	20	25	2	7	12	17	22
23	23	28	2	7	12	17	22	27	FÉVRIER 1	6	11	16	21	26	3	8	13	18	23
24	24	29	3	8	13	18	23	28	2	7	12	17	22	27	4	9	14	19	24
25	25	30	4	9	14	19	24	29	3	8	13	18	23	28	5	10	15	20	25
26	26	31	5	10	15	20	25	30	4	9	14	19	24	MARS 1	6	11	16	21	26
27	27	JANVIER 1	6	11	16	21	26	31	5	10	15	20	25	2	7	12	17	22	27
28	28	2	7	12	17	22	27	FÉVRIER 1	6	11	16	21	26	3	8	13	18	23	28
29	29	3	8	13	18	23	28	2	7	12	17	22	27	4	9	14	19	24	29
30	30	4	9	14	19	24	29	3	8	13	18	23	28	5	10	15	20	25	30

	30	35	40	45	50	55	60	65	70	75	80	85	90	95	100	105	110	115	120
	DÉC.	DÉC.	DÉC.	DÉC.	DÉC.	DÉC.	DÉC.	JANV.	JANV.	JANV.	JANV.	JANV.	JANV.	FÉV.	FÉV.	FÉV.	FÉV.	FÉV.	FÉV.
1	1	6	11	16	21	26	31	5	10	15	20	25	30	4	9	14	19	24	29
2	2	7	12	17	22	27	JANVIER 1	6	11	16	21	26	31	5	10	15	20	25	MARS 1
3	3	8	13	18	23	28	2	7	12	17	22	27	FÉVRIER 1	6	11	16	21	26	2
4	4	9	14	19	24	29	3	8	13	18	23	28	2	7	12	17	22	27	3
5	5	10	15	20	25	30	4	9	14	19	24	29	3	8	13	18	23	28	4
6	6	11	16	21	26	31	5	10	15	20	25	30	4	9	14	19	24	29	5
7	7	12	17	22	27	JANVIER 1	6	11	16	21	26	31	5	10	15	20	25	MARS 1	6
8	8	13	18	23	28	2	7	12	17	22	27	FÉVRIER 1	6	11	16	21	26	2	7
9	9	14	19	24	29	3	8	13	18	23	28	2	7	12	17	22	27	3	8
10	10	15	20	25	30	4	9	14	19	24	29	3	8	13	18	23	28	4	9
11	11	16	21	26	31	5	10	15	20	25	30	4	9	14	19	24	29	5	10
12	12	17	22	27	JANVIER 1	6	11	16	21	26	31	5	10	15	20	25	MARS 1	6	11
13	13	18	23	28	2	7	12	17	22	27	FÉVRIER 1	6	11	16	21	26	2	7	12
14	14	19	24	29	3	8	13	18	23	28	2	7	12	17	22	27	3	8	13
15	15	20	25	30	4	9	14	19	24	29	3	8	13	18	23	28	4	9	14
16	16	21	26	31	5	10	15	20	25	30	4	9	14	19	24	29	5	10	15
17	17	22	27	JANVIER 1	6	11	16	21	26	31	5	10	15	20	25	MARS 1	6	11	16
18	18	23	28	2	7	12	17	22	27	FÉVRIER 1	6	11	16	21	26	2	7	12	17
19	19	24	29	3	8	13	18	23	28	2	7	12	17	22	27	3	8	13	18
20	20	25	30	4	9	14	19	24	29	3	8	13	18	23	28	4	9	14	19
21	21	26	31	5	10	15	20	25	30	4	9	14	19	24	29	5	10	15	20
22	22	27	JANVIER 1	6	11	16	21	26	31	5	10	15	20	25	MARS 1	6	11	16	21
23	23	28	2	7	12	17	22	27	FÉVRIER 1	6	11	16	21	26	2	7	12	17	22
24	24	29	3	8	13	18	23	28	2	7	12	17	22	27	3	8	13	18	23
25	25	30	4	9	14	19	24	29	3	8	13	18	23	28	4	9	14	19	24
26	26	31	5	10	15	20	25	30	4	9	14	19	24	29	5	10	15	20	25
27	27	JANVIER 1	6	11	16	21	26	31	5	10	15	20	25	MARS 1	6	11	16	21	26
28	28	2	7	12	17	22	27	FÉVRIER 1	6	11	16	21	26	2	7	12	17	22	27
29	29	3	8	13	18	23	28	2	7	12	17	22	27	3	8	13	18	23	28
30	30	4	9	14	19	24	29	3	8	13	18	23	28	4	9	14	19	24	29

	30	35	40	45	50	55	60	65	70	75	80	85	90	95	100	105	110	115	120
	DÉC.	JANV.	JANV.	JANV.	JANV.	JANV.	JANV.	FÉV.	FÉV.	FÉV.	FÉV.	FÉV.	MARS.	MARS.	MARS.	MARS.	MARS.	MARS.	MARS.
1	31	5	10	15	20	25	30	4	9	14	19	24	1	6	11	16	21	26	31
2	JANVIER. 1	6	11	16	21	26	31	5	10	15	20	25	2	7	12	17	22	27	AVRIL 1
3	2	7	12	17	22	27	FÉVRIER. 1	6	11	16	21	26	3	8	13	18	23	28	2
4	3	8	13	18	23	28	2	7	12	17	22	27	4	9	14	19	24	29	3
5	4	9	14	19	24	29	3	8	13	18	23	28	5	10	15	20	25	30	4
6	5	10	15	20	25	30	4	9	14	19	24	MARS 1	6	11	16	21	26	31	5
7	6	11	16	21	26	31	5	10	15	20	25	2	7	12	17	22	27	AV.L 1	6
8	7	12	17	22	27	FÉVRIER. 1	6	11	16	21	26	3	8	13	18	23	28	2	7
9	8	13	18	23	28	2	7	12	17	22	27	4	9	14	19	24	29	3	8
10	9	14	19	24	29	3	8	13	18	23	28	5	10	15	20	25	30	4	9
11	10	15	20	25	30	4	9	14	19	24	MARS 1	6	11	16	21	26	31	5	10
12	11	16	21	26	31	5	10	15	20	25	2	7	12	17	22	27	AVRIL 1	6	11
13	12	17	22	27	FÉVRIER. 1	6	11	16	21	26	3	8	13	18	23	28	2	7	12
14	13	18	23	28	2	7	12	17	22	27	4	9	14	19	24	29	3	8	13
15	14	19	24	29	3	8	13	18	23	28	5	10	15	20	25	30	4	9	14
16	15	20	25	30	4	9	14	19	24	MARS 1	6	11	16	21	26	31	5	10	15
17	16	21	26	31	5	10	15	20	25	2	7	12	17	22	27	AVRIL 1	6	11	16
18	17	22	27	FÉVRIER 1	6	11	16	21	26	3	8	13	18	23	28	2	7	12	17
19	18	23	28	2	7	12	17	22	27	4	9	14	19	24	29	3	8	13	18
20	19	24	29	3	8	13	18	23	28	5	10	15	20	25	30	4	9	14	19
21	20	25	30	4	9	14	19	24	MARS 1	6	11	16	21	26	31	5	10	15	20
22	21	26	31	5	10	15	20	25	2	7	12	17	22	27	AVRIL 1	6	11	16	21
23	22	27	FÉVRIER 1	6	11	16	21	26	3	8	13	18	23	28	2	7	12	17	22
24	23	28	2	7	12	17	22	27	4	9	14	19	24	29	3	8	13	18	23
25	24	29	3	8	13	18	23	28	5	10	15	20	25	30	4	9	14	19	24
26	25	30	4	9	14	19	24	MARS 1	6	11	16	21	26	31	5	10	15	20	25
27	26	31	5	10	15	20	25	2	7	12	17	22	27	AVRIL 1	6	11	16	21	26
28	27	FÉVRIER 1	6	11	16	21	26	3	8	13	18	23	28	2	7	12	17	22	27
29	28	2	7	12	17	22	27	4	9	14	19	24	29	3	8	13	18	23	28
30	29	3	8	13	18	23	28	5	10	15	20	25	30	4	9	14	19	24	29
31	30	4	9	14	19	24	MARS 1	6	11	16	21	26	31	5	10	15	20	25	30

	30	35	40	45	50	55	60	65	70	75	80	85	90	95	100	105	110	115	120
	DÉC.	JANV.	JANV.	JANV	JANV.	JANV.	JANV.	FÉV.	FÉV.	FÉV.	FÉV.	FÉV.	FÉV.	MARS.	MARS.	MARS.	MARS.	MARS.	MARS.
1	31	5	10	15	20	25	30	4	9	14	19	24	29	5	10	15	20	25	30
2	1 (JANVIER)	6	11	16	21	26	31	5	10	15	20	25	1 (MARS)	6	11	16	21	26	31
3	2	7	12	17	22	27	1 (FÉVRIER)	6	11	16	21	26	2	7	12	17	22	27	1 (AVRIL)
4	3	8	13	18	23	28	2	7	12	17	22	27	3	8	13	18	23	28	2
5	4	9	14	19	24	29	3	8	13	18	23	28	4	9	14	19	24	29	3
6	5	10	15	20	25	30	4	9	14	19	24	29	5	10	15	20	25	30	4
7	6	11	16	21	26	31	5	10	15	20	25	1 (MARS)	6	11	16	21	26	31	5
8	7	12	17	22	27	1 (FÉVRIER)	6	11	16	21	26	2	7	12	17	22	27	1 (AVRIL)	6
9	8	13	18	23	28	2	7	12	17	22	27	3	8	13	18	23	28	2	7
10	9	14	19	24	29	3	8	13	18	23	28	4	9	14	19	24	29	3	8
11	10	15	20	25	30	4	9	14	19	24	29	5	10	15	20	25	30	4	9
12	11	16	21	26	31	5	10	15	20	25	1 (MARS)	6	11	16	21	26	31	5	10
13	12	17	22	27	1 (FÉVRIER)	6	11	16	21	26	2	7	12	17	22	27	1 (AVRIL)	6	11
14	13	18	23	28	2	7	12	17	22	27	3	8	13	18	23	28	2	7	12
15	14	19	24	29	3	8	13	18	23	28	4	9	14	19	24	29	3	8	13
16	15	20	25	30	4	9	14	19	24	29	5	10	15	20	25	30	4	9	14
17	16	21	26	31	5	10	15	20	25	1 (MARS)	6	11	16	21	26	31	5	10	15
18	17	22	27	1 (FÉVRIER)	6	11	16	21	26	2	7	12	17	22	27	1 (AVRIL)	6	11	16
19	18	23	28	2	7	12	17	22	27	3	8	13	18	23	28	2	7	12	17
20	19	24	29	3	8	13	18	23	28	4	9	14	19	24	29	3	8	13	18
21	20	25	30	4	9	14	19	24	29	5	10	15	20	25	30	4	9	14	19
22	21	26	31	5	10	15	20	25	1 (MARS)	6	11	16	21	26	31	5	10	15	20
23	22	27	1 (FÉVRIER)	6	11	16	21	26	2	7	12	17	22	27	1 (AVRIL)	6	11	16	21
24	23	28	2	7	12	17	22	27	3	8	13	18	23	28	2	7	12	17	22
25	24	29	3	8	13	18	23	28	4	9	14	19	24	29	3	8	13	18	23
26	25	30	4	9	14	19	24	29	5	10	15	20	25	30	4	9	14	19	24
27	26	31	5	10	15	20	25	1 (MARS)	6	11	16	21	26	31	5	10	15	20	25
28	27	1 (FÉVRIER)	6	11	16	21	26	2	7	12	17	22	27	1 (AVRIL)	6	11	16	21	26
29	28	2	7	12	17	22	27	3	8	13	18	23	28	2	7	12	17	22	27
30	29	3	8	13	18	23	28	4	9	14	19	24	29	3	8	13	18	23	28
31	30	4	9	14	19	24	29	5	10	15	20	25	30	4	9	14	19	24	29

18   TABLE UTILE AU CALCUL D'UN COMPTE D'INTÉRÊT EXERCÉ JOUR PAR JOUR.

	FÉVR.	MARS	AVR.	MAI.	JUIN.	JUIL.	AOUT	SEPT.	OCT.	NOV.	DÉC.	JANV.
JANVIER....	31	59	90	120	151	181	212	243	273	304	334	365

	MARS	AVR.	MAI.	JUIN.	JUIL.	AOUT	SEPT.	OCT.	NOV.	DÉC.	JANV.	FÉV.
FÉVRIER....	28	59	89	120	150	181	212	242	273	303	334	365

	AVR.	MAI.	JUIN.	JUIL.	AOUT	SEPT.	OCT.	NOV.	DÉC.	JANV.	FÉV.	MARS
MARS.......	31	61	92	122	153	184	214	245	275	306	337	365

	MAI.	JUIN.	JUIL.	AOUT	SEPT.	OCT.	NOV.	DÉC.	JANV.	FÉV.	MARS	AVR.
AVRIL......	30	61	91	122	153	183	214	244	275	306	334	365

	JUIN.	JUIL.	AOUT	SEPT.	OCT.	NOV.	DÉC.	JANV.	FÉV.	MARS	AVR.	MI.
MAI........	31	61	92	123	153	184	214	245	276	304	335	365

	JUIL.	AOUT	SEPT.	OCT.	NOV.	DEC.	JANV.	FÉV.	MARS	AVR.	MAI.	JUIN.
JUIN........	30	61	92	122	153	183	214	245	273	304	334	365

	AOUT	SEPT.	OCT.	NOV.	DÉC.	JANV.	FÉV.	MARS	AVR.	MAI.	UIN.	JUIL.
JUILLET....	31	62	92	123	153	184	215	243	274	304	335	365

	SEPT.	OCT.	NOV.	DÉC.	JANV.	FÉV.	MARS	AVR.	MAI.	JUIN.	JUIL.	AOUT
AOUT.......	31	61	92	122	153	184	212	243	273	304	334	365

	OCT.	NOV.	DÉC.	JANV.	FÉV.	MARS	AVR.	MAI.	JUIN.	JUIL.	AOUT	SEPT.
SEPTEMBRE..	30	61	91	122	153	181	212	242	273	303	334	365

	NOV.	DÉC.	JANV.	FÉV.	MARS	AVR.	MAI.	JUIN.	JUIL.	AOUT	SEPT.	OCT.
OCTOBRE.....	31	61	92	123	151	182	212	243	273	304	335	365

	DÉC.	JANV.	FÉV.	MARS	AVR.	MAI.	JUIN.	JUIL.	AOUT	SEPT.	OCT.	NOV.
NOVEMBRE...	30	61	92	120	151	181	212	242	273	304	334	365

	JANV.	FÉV.	MARS	AVR.	MAI.	JUIN.	JUIL.	AOUT	SEPT.	OCT.	NOV.	DÉC.
DÉCEMBRE...	31	62	92	121	151	182	212	243	274	304	335	365

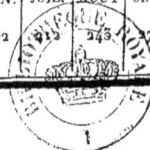

93

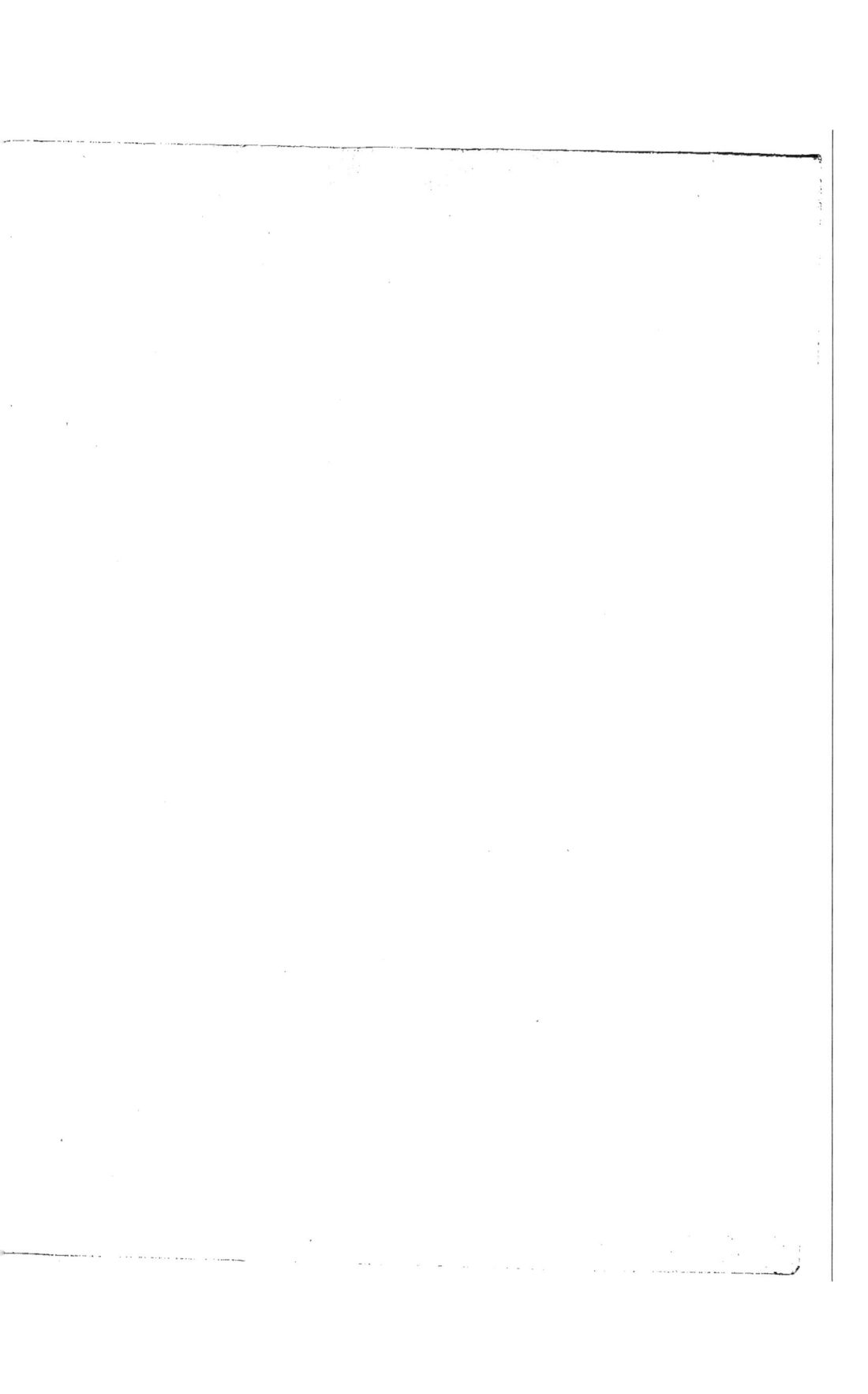

www.ingramcontent.com/pod-product-compliance
Lightning Source LLC
Chambersburg PA
CBHW050440210326

41520CB00019B/6005